J'aime mon
Chien

Ce livre appartient à

© 2001 Les Publications Modus Vivendi Inc.
Tous droits réservés

Publié par:
Les Publications Modus Vivendi Inc.
3859, autoroute des Laurentides
Laval (Québec) Canada H7L 3H7

Design de la couverture et des pages intérieures: Marc Alain

Crédits photographiques: © SuperStock et Eyewire

Dépôt légal: 1er trimestre 2001
Bibliothèque nationale du Québec
Bibliothèque nationale du Canada
Bibliothèque nationale de France

Données de catalogage avant publication (Canada)
Therrien, Laurette

    J'aime mon chien

    (Collection Émotions)

    ISBN: 2-89523-049-8

    1. Chiens 2. Chiens - Ouvrages illustrés.

    I. Titre II. Collection.

SF430.T43 2001   636.7'0022'2   C00-942047-9

Canada Nous reconnaissons l'aide financière du gouvernement du Canada par l'entremise du Programme d'Aide au Développement de l'Industrie de l'Édition (PADIÉ) pour nos activités d'édition.

J'aime mon
Chien

Laurette Therrien

MODUS VIVENDI

> « Ce qu'il y a de meilleur dans l'homme,
> c'est le chien. »
>
> T. N. Charlet

Je me souviens de ce mignon loulou de Poméranie qui portait robe et crinoline rose pour le plus grand plaisir des enfants. Et encore de ce chow-chow à la toison épaisse que l'on avait chaussé de jolies petites bottes de cuir souple pour qu'il ne se salisse pas les pattes après la pluie.

Je me rappelle aussi cet épagneul aux yeux si doux rencontré dans le hall d'un supermarché, où il attendait sa propriétaire. Il était vêtu des pieds à la tête d'un tricot aux couleurs de Noël, et tous les clients s'arrêtaient, incrédules, pour le regarder. Le pauvre mignon n'avait rien à faire de toute cette attention que lui portaient les étrangers. Inquiet et fébrile, il gardait les yeux fixés sur une allée où il avait vu disparaître sa maîtresse, et il se lamentait discrètement sans rien voir de l'intérêt qu'il suscitait.

Beaucoup gambadent dans les parcs à la rencontre de compagnons ou de compagnes de leur espèce; les plus chanceux courent dans la campagne, où ils peuvent s'ébattre à leur gré dans l'herbe folle en chassant le mulot pour le plaisir; les plus racés se retrouvent dans les expositions où leur perfection fait l'envie des meilleurs éleveurs.

Mais peu importe le genre de vie que nous leur offrons, les chiens sont nos compagnons fidèles et dévoués, et ils servent souvent à combler un immense besoin de chaleur et d'affection, dans ce monde individualiste où la solitude est devenue le lot de plusieurs.

Les chiens nous aiment simplement, alors aimons-les de même.

L.T.

Une étrange
conversation canine

Ils étaient quatre: un chien errant, une chienne domestique, une chienne d'exposition et un chien abandonné. Ne me demandez pas comment ils se sont rencontrés, je n'en ai aucune idée. Mais je vous rapporte telle quelle la conversation que j'ai entendue l'autre jour dans un grand parc, entre ces chiens que tout, en apparence, séparait, sauf bien sûr le fait qu'ils appartiennent à la même espèce.

La chienne d'exposition: Pardon mon bougre, comment pouvez-vous supporter que votre poil soit si sale et miteux, ne vous faites-vous donc jamais laver et brosser?

Le chien errant: Vieux jarret! de quoi tu parles? J'ai jamais eu de maître, je suis ma route et aucun humain ne fera de moi son esclave. Je suis libre!

Le chien abandonné: Libre, libre, la belle affaire! Hier encore j'étais le chouchou de tous, mon maître me donnait des bonbons pour que je fasse la belle ou que je me roule par terre devant ses invités, et voilà qu'il m'emmène faire une balade en voiture et qu'il m'abandonne sur le bord de la route. La liberté, tu dis? Qu'est-ce que tu veux que j'en fasse? Je n'ai jamais appris à me débrouiller seul.

La chienne domestique: Il a raison le pauvre petit, ces gens qui nous adoptent, ils font tout pour nous. Je dirais même que leurs simagrées sont parfois désopilantes. Pour ma part, le moment que je préfère, c'est quand mon maître se penche pour ramasser le petit cadeau que j'ai laissé sur la pelouse. Je fais semblant de ne pas regarder pour ne pas l'humilier...

(...)

La chienne d'exposition: Mais c'est tout à fait normal! C'est leur rôle de nous nourrir, de nous bichonner et de nous aduler. Vous avez vu ma robe? Elle ne serait pas si parfaitement lisse et lustrée si mon maître n'y mettait des heures de brossage. Et il le fait avec amour, croyez-moi.

Le chien errant: Ouais. Et pour mériter son affection, tu dois te soumettre à ses ordres et te tenir bien droite et guindée devant un juge qui t'écarte les babines et te fouille les oreilles. Horreur!

La chienne domestique: Disons que c'est un échange de bons services entre les humains et les chiens. Pour ma part j'apprécie, et ce que j'aime par-dessus tout, ce sont les caresses des enfants.

Le chien errant: Ah! parlons-en des enfants... ils ne se gênent pas pour me courir après avec des bâtons, les monstres!

Le chien abandonné: C'est bien vrai, j'en ai fait l'expérience pas plus tard que ce matin. J'ai eu si peur que je suis allé me tapir derrière un buisson. J'en suis ressorti tout garni de chardons. Et je n'ai personne pour me les enlever. Mon maître avait l'habitude de m'emmener chez le vétérinaire. D'ailleurs j'y ai laissé mes bijoux de famille...

La chienne domestique: Je ne tiens pas à parler de ces choses-là. J'ai dû renoncer au bonheur d'être mère... Alors changeons de sujet si vous voulez bien.

Le chien errant: Vieux jarret! vous me glacez le sang. Faites quelque chose, fuyez, révoltez-vous! Suivez-moi et je vous ferai rencontrer des amis qui ne s'en laissent pas imposer. Savez-vous que les chiens peuvent se reproduire avec les loups, les chacals et les coyotes?

(...)

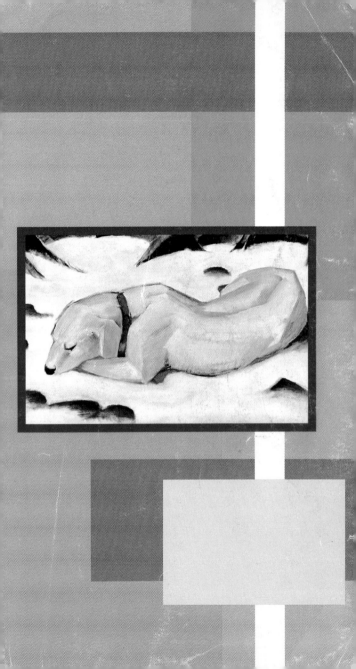

La chienne d'exposition: Doux Lassie! le ciel me préserve de faire de telles rencontres!

Le chien errant: Tu ferais fureur la belle. Et puis tu perdrais ton air empesé. Pou! je trouve ton parfum obsédant… ça manque de naturel!

La chienne domestique: Bon, bon. Moi j'ai un petit creux. Je mangerais bien une friandise.

Le chien errant: Suivez-moi, je connais une ruelle où y a des rats bien dodus.

Le chien abandonné: T'es dégueulasse. Et puis je n'ai jamais chassé pour manger.

Le chien errant: Il faudra t'y faire l'ami, si tu veux survivre. Au XVIIIᵉ siècle, les chiens ratiers ont aidé à débarrasser l'Europe des rats qui propageaient la peste.

La chienne domestique: Vous en savez des choses…

Le chien errant: C'est que j'ai beaucoup voyagé ma p'tite dame. C'est pas parce qu'on est itinérant qu'on est ignorant.

La chienne d'exposition: Il faudrait me payer cher pour que je mette une seule de mes griffes vernies sur un rat. C'est dégoutant.

Le chien abandonné: Allons-y, autant m'habituer tout de suite à ma nouvelle vie. Et tant pis pour le confort!

La chienne domestique: Je dois avouer que je suis tentée, mais je ne peux pas, les enfants seraient trop tristes si je ne revenais pas à la maison.

(…)

Le chien errant: Bah! ils s'en remettront.

La chienne d'exposition: Je ne m'acoquinerai jamais avec un truand de votre espèce. Je connais ma classe; je tiens mon rang! Adieu, malheureux hère.

Le chien errant: Adieu beauté! et sans rancune. Malgré tout ce qui nous sépare, on partage tous un ancêtre commun avec l'ours, le raton laveur et la belette.

Le chien abandonné: Qu'est-ce que tu racontes encore?

Le chien errant: Parfaitement! Et si je te disais qu'il y a encore des endroits en ce monde où l'on mange du chien, et qu'autrefois on filait et on tissait les poils de nos semblables, tu me croirais?

La chienne domestique: Il me donne des frissons.

Le chien errant: À Munich en Allemagne, la dernière boucherie canine a fermé ses portes entre les deux grandes guerres.

La chienne domestique: J'en ai assez entendu, je vous quitte, d'ailleurs les enfants m'appellent.

Le chien errant: Vieux jarret! elles se sauvent toutes. Et toi, l'ami, qu'est-ce que tu décides? Tu attends que les gars de la fourrière s'emparent de toi ou tu viens avec moi?

Le chien abandonné: Je te suis, chef. J'aime ton érudition, et tant pis pour les chardons. Je m'habituerai. Vive la liberté!

L.T

Saviez-vous...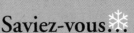

Que le Airedale, originaire du Yorkshire en Angleterre, est connu comme le roi des terriers? Excellent nageur, on s'en servait autrefois pour se débarrasser des rongeurs qui détruisaient les cultures. Il est le parfait compagnon des enfants.

Que le Pyrénée était utilisé pour garder les forteresses, et que sous Louis XIV, il fut le chien officiel de la cour de France?

Que le Golden Retriever est un chien de chasse qui fut développé au XIXe siècle par Lord Tweedmouth d'Écosse? Décrété pure race en 1913 par *The Kennel Club* d'Angleterre, c'est un chien obéissant et honnête, parmi les meilleurs guides pour les aveugles.

Que le Lhasa Apso est l'une des plus anciennes races connues? Elle serait apparue environ 800 ans avant Jésus-Christ au Tibet, où les moines s'en servaient comme chien de garde pour leur monastère. La croyance populaire voulait que le Lhasa Apso, ou chien-lion, apporte la chance.

Que le Shetland, l'un des plus beaux chiens à poil long, servait à l'origine à la surveillance des troupeaux de moutons sur les côtes nord-est de l'Écosse, et qu'il est reconnu pour son extraordinaire sens du territoire?

(...)

Saviez-vous…

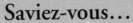

Que le Braque allemand est un chien de chasse développé au XVIIᵉ siècle pour traquer toutes les sortes de gibier, autant terrestres qu'aquatiques? Il est le fruit d'un croisement entre le pointer espagnol, le bloodhound et le pointer anglais, pour la rapidité et la finesse de l'odorat.

Que le Collie est un chien de troupeau écossais venu de Grande-Bretagne au temps de l'invasion par les Romains? Et que c'est la reine Victoria qui, la première, le pressentit comme chien d'exposition? On soupçonne qu'un croisement avec le barzoï lui donna sa tête noble et effilée.

Que le Dalmatien était déjà connu en Europe au Moyen Âge? Une fois introduit aux États-Unis, on lui donna le surnom de « chien de pompiers », parce qu'il traînait le matériel des pompiers et qu'on s'en servait pour retrouver les victimes d'incendies.

Que le Caniche toy est le plus petit membre de la famille, atteignant à peine 25 cm. Mignon et intelligent, il est le compagnon idéal pour les personnes qui demeurent dans des appartements réduits; sans compter qu'il n'aboie pas sans raison.

Que le Rottweiler (ou chien de boucher de Rottweil) gardait les biens et le troupeau du boucher lorsque celui-ci devait se rendre au marché pour son commerce. Ce chien très dévoué est un excellent chien de garde.

(…)

Saviez-vous...

Que le Terre Neuve descendrait des mastifs tibétains qui émigrèrent en Islande, et aurait été amené à Terre-Neuve par l'explorateur Leif Ericson, il y a plusieurs centaines d'années? Ce chien, qui aime l'eau et les températures fraîches, possède un instinct de sauvetage hors du commun.

Que le Berger allemand fut introduit sur le continent américain vers 1900, et rendu populaire après la Première Guerre grâce aux exploits de Rin Tin Tin? Il peut servir de chien policier, de secouriste, de guide pour les aveugles, de gardien, en plus d'être un compagnon loyal et obéissant.

Que le Saint-Bernard était élevé par les moines en Suisse dès le XVIIe siècle? On lui doit le sauvetage, au fil des ans, de milliers de voyageurs perdus dans la montagne enneigée. C'est en 1865 que la race – le résultat probable de croisements entre le sennenhund, le grand danois, le bloodhound et le mastiff – fut nommée officiellement Saint-Bernard.

Cf.: *Le Monde canin*

« Si l'homme est véritablement le roi de la création, le chien peut, sans être taxé d'exagération, en passer pour le baron, tout au moins. »

Alphonse Allais

« Et chez les chiens: leur loyauté si constante
dans la fonction de gardien, leur dévotion
si affectueuse envers leurs maîtres,
et leur animosité envers les étrangers aussi bien
que la prodigieuse finesse de leur flair
pour suivre une piste, et leur vigoureuse ardeur
à la chasse, que signifient ces dispositions?
Sinon que les chiens ont été créés
pour rendre service à l'humanité. »

Cicéron, dans *Nature des dieux*

Croyances populaires

Le chien fournit une foule de renseignements à propos du temps. On peut prévoir la pluie lorsque « les chiens grattent la terre ».

On prévoit un grand vent si « le chien se roule à terre; s'il a le museau en l'air; s'il gratte le parvis de son chenil ».

Cf. *Dictons des bêtes, des plantes et des saisons*,
Belin

Bonnes adresses Internet

Vétérinet: **http://www.mlink.net/veterinet**
Amivet: **http://pages.infinit.net/amivet**
Le monde canin:
http://www.Webnet.qc.ca/chiens
Le Berger Blanc: **http://www.bergerblanc.com**
FranceWeb animaux:
**http://www.francenet.fr/franceweb/Cul/
cu/animaux.html**

Le Loup et le Chien

Un Loup n'avait que les os et la peau,
Tant les chiens faisaient bonne garde.
Ce Loup rencontre un Dogue
   aussi puissant que beau,
Gras, poli, qui s'était fourvoyé par mégarde.
L'attaquer, le mettre en quartiers,
Sire Loup l'eût fait volontiers;
Mais il fallait livrer bataille;
Et le mâtin était de taille
À se défendre hardiment.
Le Loup donc l'aborde humblement,
Entre en propos, et lui fait compliment
Sur son embonpoint, qu'il admire.
« Il ne tiendra qu'à vous, beau sire,
D'être aussi gras que moi, lui repartit le Chien.
Quittez les bois, vous ferez bien:
Vos pareils y sont misérables,
Cancres, hères, et pauvres diables,
Dont la condition est de mourir de faim.
Car, quoi? Rien d'assuré: point de franche lippée;
Tout à la pointe de l'épée,
Suivez-moi, vous aurez un bien meilleur destin. »
Le Loup reprit: « Que me faudra-t-il faire?
- Presque rien, dit le Chien:
   donner la chasse aux gens
Portant bâtons, et mendiants;
Flatter ceux du logis, à son maître complaire:
Moyennant quoi votre salaire
Sera force reliefs de toutes les façons,
Os de poulets, os de pigeons;
Sans parler de mainte caresse. »

(...)

Le Loup déjà se forge une félicité
Qui le fait pleurer de tendresse.
Chemin faisant, il vit le cou du Chien pelé.
« Qu'est-ce là? Lui dit-il. – Rien. – Quoi! Rien?
- Peu de chose.
- Mais encor? – Le collier dont je suis attaché
De ce que vous voyez est peut-être la cause.
- Attaché? Dit le Loup:
   vous ne courez donc pas où vous voulez?
- Pas toujours: mais qu'importe?
- Il importe si bien, que de tous vos repas
Je ne veux en aucune sorte,
Et ne voudrais pas même à ce prix un trésor. »
Cela dit, maître Loup s'enfuit, et court encor.

Jean de La Fontaine

Quelques conseils pratiques

- Soyez attentif au comportement de votre chien: s'il se gratte les oreilles ou s'il secoue la tête sans cesse, ou encore si vous trouvez qu'il dégage une odeur désagréable, consultez le vétérinaire le plus tôt possible. Il se pourrait que votre toutou souffre d'une infection ou de parasites.

- Certaines races de chiens ont du poil sous les pattes et entre les coussinets. Pour éviter que votre animal ne patine sur votre plancher de bois franc, il est nécessaire de tailler ces poils. De plus, cela lui évitera l'inconfort des boules dures qui se forment entre les coussinets.

Ulysse retrouve Argos

Pendant qu'ils échangeaient ces paroles entre eux (Ulysse et Eumée), un chien couché leva la tête et les oreilles; c'était Argos, le chien que le vaillant Ulysse achevait d'élever, quand il fallut partir vers la sainte Ilion, sans en avoir joui. Avec les jeunes gens, Argos avait vécu, courant le cerf, le lièvre et les chèvres sauvages. Négligé maintenant, en l'absence du maître, il gisait étendu au-devant du portail, sur le tas de fumier des mulets et des bœufs où les servants d'Ulysse venaient prendre de quoi fumer le grand domaine; c'est là qu'Argos était couché, couvert de poux. Il reconnut Ulysse en l'homme qui venait et, remuant la queue, coucha les deux oreilles: la force lui manqua pour s'approcher du maître.

Ulysse l'avait vu: il détourna la tête en essuyant un pleur, et, pour mieux se cacher d'Eumée, qui ne vit rien, il se hâta de dire:

ULYSSE: – Eumée!… l'étrange chien couché sur ce fumier! il est de belle race; mais on ne peut plus voir si sa vitesse à courre égalait sa beauté; peut-être n'était-il qu'un de ces chiens de table, auxquels les soins des rois ne vont que pour la montre.

Mais toi, porcher Eumée, tu lui dis en réponse:

EUMÉE: – C'est le chien de ce maître qui mourut loin de nous: si tu pouvais le voir encore actif et beau, tel qu'Ulysse, en partant pour Troie, nous le laissa! Tu vanterais bientôt sa vitesse et sa force! Au plus profond des bois, dès qu'il voyait les fauves, pas un ne réchappait! Pas de meilleur limier! Mais le voilà perclus! Son maître a disparu loin du

pays natal; les femmes n'ont plus soin de lui; on le néglige… Sitôt qu'ils ne sont plus sous la poigne du maître, les serviteurs n'ont plus grand zèle à la besogne; le Zeus à la grand-voix prive un homme de la moitié de sa valeur, lorsqu'il abat sur lui le joug de l'esclavage.

À ces mots, il entra au grand corps du logis, et, droit à la grand-salle, il s'en fut retrouver les nobles prétendants. Mais Argos n'était plus: les ombres de la mort avaient couvert ses yeux qui venaient de revoir Ulysse après vingt ans.

Extrait de L'Odyssée d'Homère

Les Hurleurs

Le soleil dans les flots avait noyé ses flammes,
La ville s'endormait au pied des monts brumeux;
Sur de grands rocs lavés d'un nuage écumeux
La mer sombre en grondant
versait ses hautes lames.

La nuit multipliait ce long gémissement,
Nul astre ne luisait dans l'immensité nue;
Seule, la lune, pâle, en écartant la nue,
Comme une morne lampe oscillait tristement.

Monde muet, marqué d'un signe de colère,
Débris d'un globe mort au hasard dispersé,
Elle laissait tomber de son orbe glacé
Un reflet sépulcral sur l'océan polaire.

(…)

Sans borne, assise au Nord,
sous les cieux étouffants,
L'Afrique, s'abritant d'ombre épaisse et de brume,
Affamait ses lions dans le sable qui fume
Et couchait près des lacs ses troupeaux d'éléphants.

Mais sur la plage aride, aux odeurs insalubres,
Parmi des ossements de bœufs et de chevaux,
De maigres chiens, épars, allongeant leurs museaux,
Se lamentaient, poussant des hurlements lugubres.

La queue en cercle sous leurs ventres palpitants,
L'œil dilaté, tremblant sur leurs pattes fébriles,
Accroupis çà et là, tous hurlaient, immobiles,
Et d'un frisson rapide agités par instants.

L'écume de la mer collait sur leurs échines
De longs poils qui laissaient les vertèbres saillir;
Et, quand les flots par bonds les venaient assaillir,
Leurs dents blanches claquaient
sous leurs rouges babines.

Devant la lune errante aux livides clartés,
Quelle angoisse inconnue,
au bord des noires ondes,
Faisait pleurer une âme en vos formes immondes?
Pourquoi gémissiez-vous, spectres épouvantés?

Je ne sais; mais, ô chiens qui hurliez sur les plages,
Après tant de soleils qui ne reviendront plus,
J'entends toujours du fond de mon passé confus
Le cri désespéré de vos douleurs sauvages!

                                        Leconte de Lisle

Un temps de chien

« Je te réserve un chien de ma chienne », dit le fils du boucher au fils du cordonnier qui refusait de lui confectionner des bottes pour la chasse à l'ours.

Les deux hommes se connaissaient depuis toujours, et depuis toujours, ils **se regardaient en chiens de faïence**. Leur rivalité était un héritage de leurs pères, si je puis m'exprimer ainsi: alors que les garçons fréquentaient encore la petite école, le père du boucher, Médor Cabot, au terme d'une soirée bien arrosée à la taverne du village, avait fait une remarque désobligeante au cordonnier, Fidèle Lagarde, sur son **caractère de chien**.

Le freluquet Fidèle, qui, il faut bien le dire, était plutôt soupe au lait, avait sauté au cou de son voisin en vociférant: « **Nom d'un chien**, tu vas retirer tes paroles tout de suite ou je t'écrase la truffe. » Mais, peu enclin à la bataille vu l'avantage évident qu'il avait sur l'adversaire (Médor Cabot, dit Le Molosse, mesurait un mètre quatre-vingt-trois et pesait cent-dix kilos le matin), le boucher s'était laissé tomber sur le plancher pour **se coucher en chien de fusil** tout en regardant l'autre d'un œil provocateur.

Lagarde, constatant avec dépit – un dépit qui d'ailleurs cachait à peine un soulagement certain – qu'il n'avait aucune prise sur Cabot tant que celui-ci demeurait recroquevillé, quitta la taverne en maugréant: « **Chienne de vie!** »

(...)

Les années avaient passé et leur rivalité avait pris des proportions démesurées au point de frôler le ridicule. Par exemple, à chaque fois que le cordonnier se pointait chez le boucher pour acheter un os ou une bavette, il était **reçu comme un chien dans un jeu de quilles**. Et quand Cabot fixait un peu trop Lagarde pour tenter de l'intimider et que le cordonnier s'en offusquait, le boucher lui répliquait immanquablement: « **Un chien regarde bien un évêque…** »

Leurs fils étaient devenus des hommes, mais – était-ce par pure solidarité envers leurs pères? – **ils s'entendaient comme chien et chat**. À la moindre occasion, ils se faisaient un devoir et un plaisir de se traiter de tous les noms: « **chien galeux** », lançait avec défi le fils du boucher; « **chien miteux** », répliquait plein de hargne le fils du cordonnier.

Un soir d'orage, **entre chien et loup**, Médor Cabot fils, sortant de sa boutique, entendit **un chien qui hurlait à la mort**. La pauvre bête doit être terrorisée par le tonnerre pour se lamenter ainsi, pensa-t-il. **Vraiment, quel temps de chien!**

Ayant fait quelques pas dans la direction des hurlements, il s'aperçut qu'il ne s'agissait pas d'un **chien perdu sans collier**, comme il l'avait d'abord pensé, mais bien de son ennemi juré, le fils Lagarde, aux prises avec un ours brun énorme, qui menaçait de l'écorcher vivant.

(…)

Proférant quelques jurons bien sentis, le fils Cabot – comme son père, dit Le Molosse –, sans hésiter une seconde, se jeta sur l'ours qui tenait le bras du cordonnier entre ses mâchoires redoutables et avait entrepris de le traîner à l'orée du bois. S'ensuivit un combat épique duquel l'ours, malgré la force herculéenne du Molosse, serait certes sorti gagnant, n'eut été que le frêle fils Lagarde, tenant à deux mains un long couteau de boucher, l'avait planté dans le dos de l'animal avec toute l'énergie dont il était capable.

Le lendemain, à la taverne, Lagarde fils, débordant d'une infinie reconnaissance, raconta à la ronde qu'il serait sûrement **mort comme un chien** si son 'copain' Cabot n'était intervenu à temps. Et ce dernier, avec dans la voix une émotion sincère, ajouta qu'il avait **éprouvé un mal de chien** à se colleter ainsi à si puissante bête, et qu'il aurait pu y laisser sa peau, n'eut été de l'intervention de son 'ami' le cordonnier, qui savait lui aussi se servir d'un couteau!

Les deux compères s'embrassèrent et se congratulèrent, et depuis ce jour, à chaque automne, c'est ensemble, chaussés de bottes toutes neuves confectionnées par Lagarde lui-même, qu'ils s'en vont à la chasse à l'ours, comme les deux meilleurs ennemis du monde.

L.T.

Le Chien à qui on a coupé les oreilles

« Qu'ai-je fait, pour me voir ainsi
Mutilé par mon propre maître?
Le bel état où me voici!
Devant les autres chiens oserai-je paraître?
Ô rois des animaux, ou plutôt leurs tyrans,
Qui vous ferait choses pareilles? »
Ainsi criait Mouflar jeune dogue; et les gens,
Peu touchés de ses cris douloureux et perçants,
Venaient de lui couper sans pitié les oreilles.
Mouflar y croyait perdre. Il vit avec le temps
Qu'il y gagnait beaucoup; car, étant de nature
À piller ses pareils, mainte mésaventure
L'aurait fait retourner chez lui
Avec cette partie en cent lieux altérée:
Chien hargneux a toujours l'oreille déchirée.

Le moins qu'on peut laisser
de prise aux dents d'autrui,
C'est le mieux. Quand on n'a qu'un endroit
à défendre,
On le munit, de peur d'esclandre.
Témoin maître Mouflar armé d'un gorgerin,
Du reste ayant d'oreille autant que sur ma main,
Un loup n'eût su par où le prendre

Jean de La Fontaine

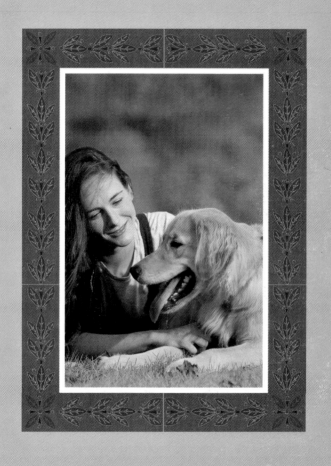

La Société Royale pour la Prévention de la Cruauté contre les Animaux

En 1830, la reine Victoria devient protectrice d'un groupe de défense animale, la Société royale pour la prévention de la cruauté contre les animaux. Plusieurs SPA verront par la suite le jour aux États-Unis et ailleurs dans le monde, bien avant l'apparition d'organismes pour la protection des enfants. En 1874, une fillette victime de nombreux sévices est défendue avec succès sur la base des lois visant la défense des animaux. L'avocat de la défense allègue, pour les besoins de la cause, que la fillette est un animal. C'est sur cette affirmation que la petite obtint protection en justice contre son père qui l'avait violée.

Cf. *Le Shar-Peï*, Le Jour

Le chien dans l'astrologie chinoise

On dit de celui qui est né durant l'année du chien qu'il est courageux, altruiste, discret, intelligent et docile. Mais on ajoute qu'il peut être inquiet, méfiant, introverti, pessimiste et parfois même cynique. Parmi les personnalités célèbres nées sous le signe du chien, il y a Judy Garland et Liza Minelli, sa fille; Brigitte Bardot, Shirley MacLaine, Pierre Cardin, Norman Mailer, Leonard Cohen, Elvis Presley.

« Il ne faut pas attacher ses chiens avec des saucisses. »

Vieux dicton

Adopter un Chien

Vous venez d'aller chercher le chien de vos rêves, et vous désirez lui donner un bon départ pour qu'il puisse vivre en harmonie avec vous et les vôtres. Voici quelques conseils pratiques pour vous aider à faire de votre chiot un compagnon agréable:

- En arrivant à la maison, laissez-lui le temps de se familiariser avec les lieux.
- Faites-lui savoir tout de suite ce qu'il peut faire, et surtout ce qui est interdit, comme d'aller dans la chambre du bébé, ou de grimper sur votre fauteuil préféré.
- Si vous lui donnez des jouets, choisissez-les bien et faites en sorte qu'ils ne ressemblent pas à vos pantoufles, ou à d'autres objets personnels auxquels vous tenez.
- Pour que votre chiot devienne propre le plus vite possible, respectez un horaire strict pour ses repas et ses sorties. Dix minutes après qu'il ait bu ou mangé, sortez-le et laissez-lui le temps de faire ses besoins sans le bousculer. Et n'oubliez pas de le féliciter.
- Évitez de trop le caresser, il risquerait de devenir impossible avec le temps.
- Ne lui donnez pas de restes de table. Choisissez pour lui une nourriture de qualité contenant tous les éléments nutritifs dont il a besoin pour sa croissance.
- Lors de vos promenades, veillez à ce qu'il rencontre beaucoup de gens et d'autres chiens. C'est ainsi que vous en ferez un chien sociable et sans agressivité envers les étrangers.

Cf. *Chenil Kurzhausen*

Le Chien qui lâche
sa proie pour l'ombre

Chacun se trompe ici-bas:
On voit courir après l'ombre
Tant de fous qu'on n'en sait pas,
La plupart du temps, le nombre.
Au chien dont parle Ésope il faut les renvoyer.

Ce chien, voyant sa proie en l'eau représentée,
La quitta pour l'image, et pensa se noyer.
La rivière devint tout d'un coup agitée;
À toute peine il regagna les bords,
Et n'eut ni l'ombre ni le corps.

Jean de La Fontaine

« Qui veut noyer son chien l'accuse de la rage. »

Molière

(…) J'aurai beau tricher et fermer les yeux
de toutes mes forces…
Il y aura toujours un chien perdu quelque part
qui m'empêchera d'être heureuse…

Jean Anouilh, *La Sauvage*